the CURSIVE HANDWRITING WORKBOOK FOR TEENS

This book belongs to

_____

Email us at
modernkidpress@gmail.com
to get free extras!

Just title the email "Cursive for Teens"
And we will send some extra
surprises your way!

The Cursive Handwriting Workbook for Teens

© The Cursive Handwriting Workbook for Teens. All rights reserved. No part of this publication may be reproduced, distributed, or transmitted, in any form or by any means, including photocopying, recording, or other electronic or mechanical methods, without prior written permission of the publisher, except in the case of brief quotations embodied in critical reviews and certain other noncommercial uses permitted by copyright law.

Contents

PART 1: Letters......................5

PART 2: Numbers......................33

PART 3: Words......................47

PART 4: Sentences......................53

PART 5: Prompts......................65

BONUS: Activities......................74

Let's learn *cursive*!

A few helpful tips:

1) Grab your pencil! Pencil lead is softer than a pen tip so a pencil will glide over the pages of this book with greater ease. Also, like when mastering any new skill, mistakes happen and it's always nice to have the option to erase and start again!

2) Remember what you learned in kindergarten about having good posture while working at your desk? The same rule still applies here. Sit with your hips at the back of your chair with your back straight, keeping both feet on the floor.

3) Having the correct form when writing is essential. Focus on holding your pencil between your thumb and index and middle fingers. Keep an open circular shape between your thumb and index finger (see figure below).

4) Keep a relaxed grip. The tighter your grip, the quicker you will wear out your hand! Relaxing your hold on your writing utensil will lessen the strain on your joints and muscles and help you write for longer periods of time without wearing out your hand.

have fun

PART 1:
Letters

CURSIVE ALPHABET GUIDE

Aa Bb Cc Dd
Ee Ff Gg Hh
Ii Jj Kk Ll
Mm Nn Oo Pp
Qq Rr Ss Tt
Uu Vv Ww Xx
Yy Zz

A B C D E F G H I J K L M N O P Q R S T U V W X Y Z

pg. 7

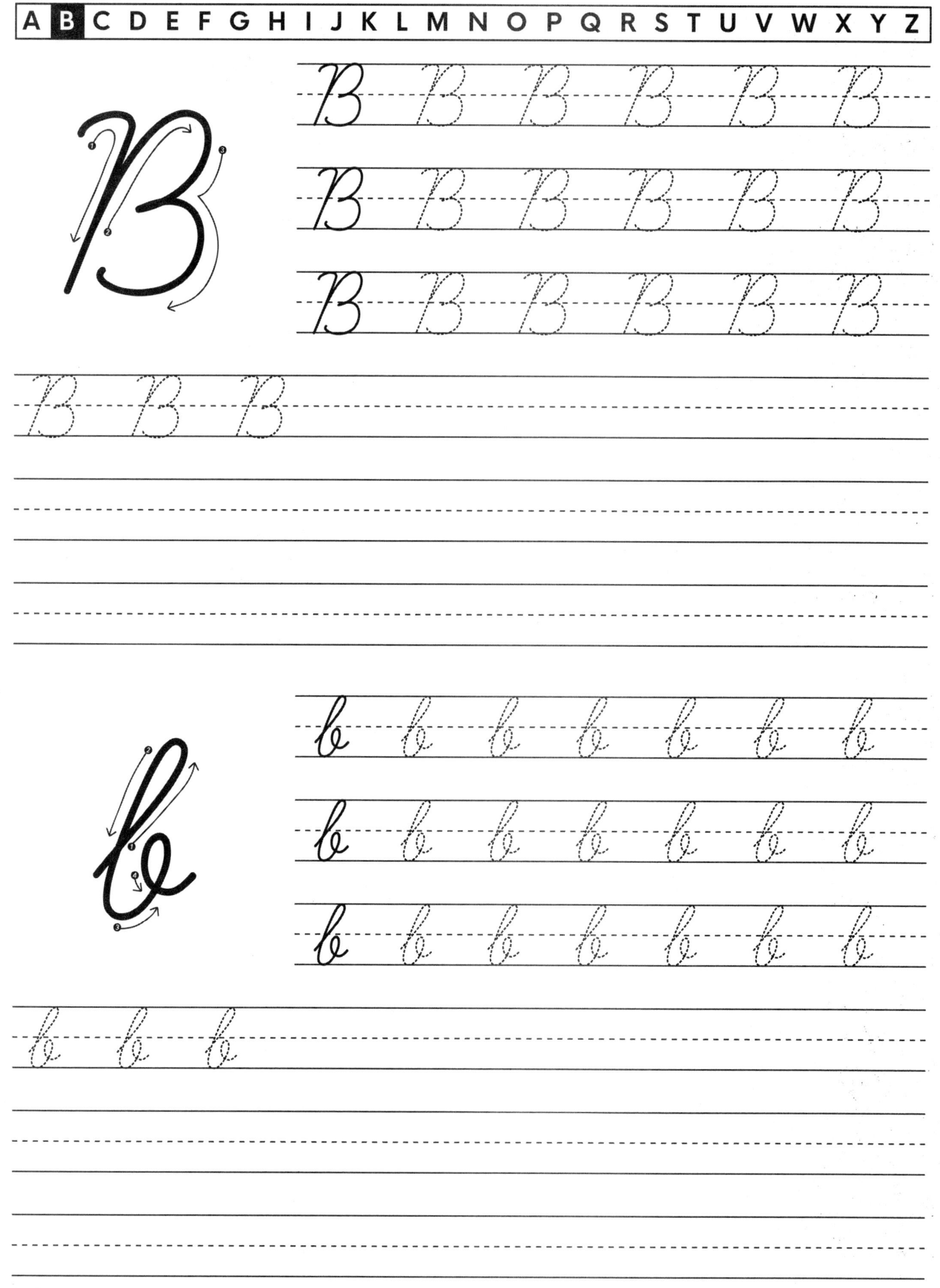

A **B** C D E F G H I J K L M N O P Q R S T U V W X Y Z

B B B B B B
B B B B B B
B B B B B B

B B B

b b b b b b b
b b b b b b b
b b b b b b b

b b b

A B C D E F G H I J K L M N O P Q R S T U V W X Y Z

pg. 8

| A | B | **C** | D | E | F | G | H | I | J | K | L | M | N | O | P | Q | R | S | T | U | V | W | X | Y | Z |

A B C **D** E F G H I J K L M N O P Q R S T U V W X Y Z

A B C D E F G H I J K L M N O P Q R S T U V W X Y Z

pg 10

A B C D **E** F G H I J K L M N O P Q R S T U V W X Y Z

pg 11

| A | B | C | D | E | **F** | G | H | I | J | K | L | M | N | O | P | Q | R | S | T | U | V | W | X | Y | Z |

| A | B | C | D | E | F | **G** | H | I | J | K | L | M | N | O | P | Q | R | S | T | U | V | W | X | Y | Z |

pg 13

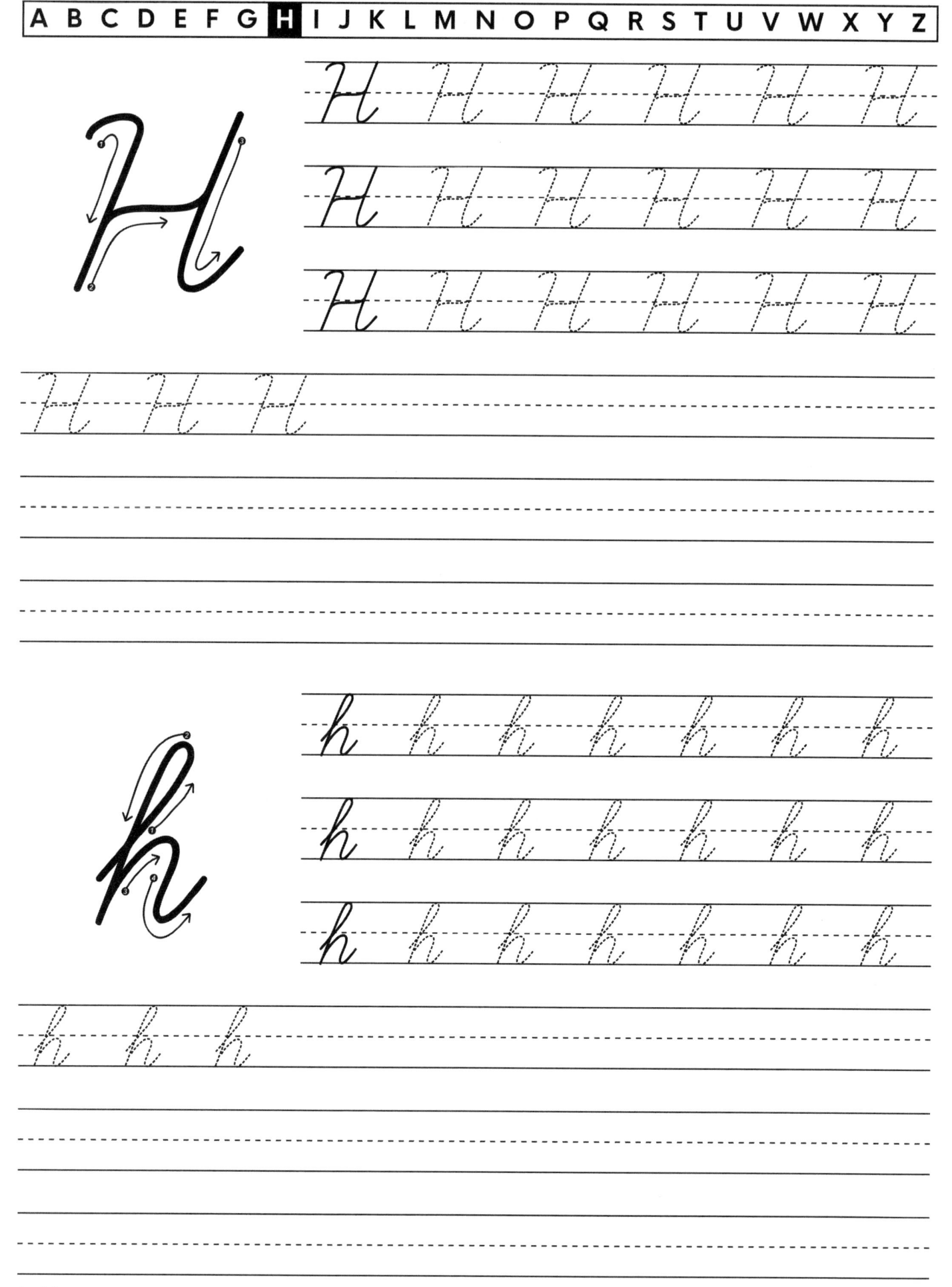

A B C D E F G **H** I J K L M N O P Q R S T U V W X Y Z

pg. 14

A B C D E F G H I J K L M N O P Q R S T U V W X Y Z

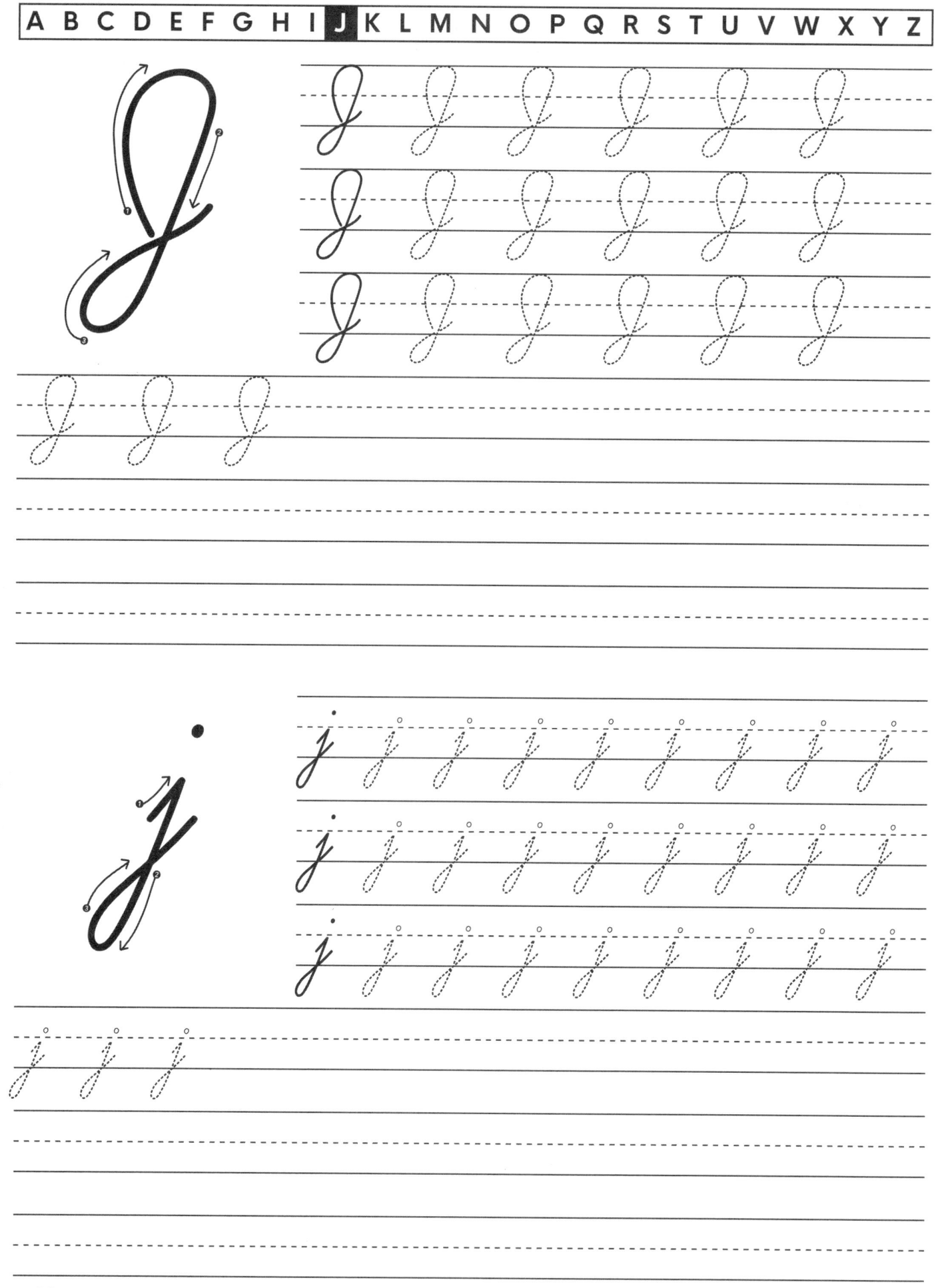

A B C D E F G H I **J** K L M N O P Q R S T U V W X Y Z

A B C D E F G H I J **K** L M N O P Q R S T U V W X Y Z

pg 17

| A | B | C | D | E | F | G | H | I | J | K | **L** | M | N | O | P | Q | R | S | T | U | V | W | X | Y | Z |

pg 18

| A | B | C | D | E | F | G | H | I | J | K | L | **M** | N | O | P | Q | R | S | T | U | V | W | X | Y | Z |

pg 19

| A | B | C | D | E | F | G | H | I | J | K | L | M | **N** | O | P | Q | R | S | T | U | V | W | X | Y | Z |

pg 20

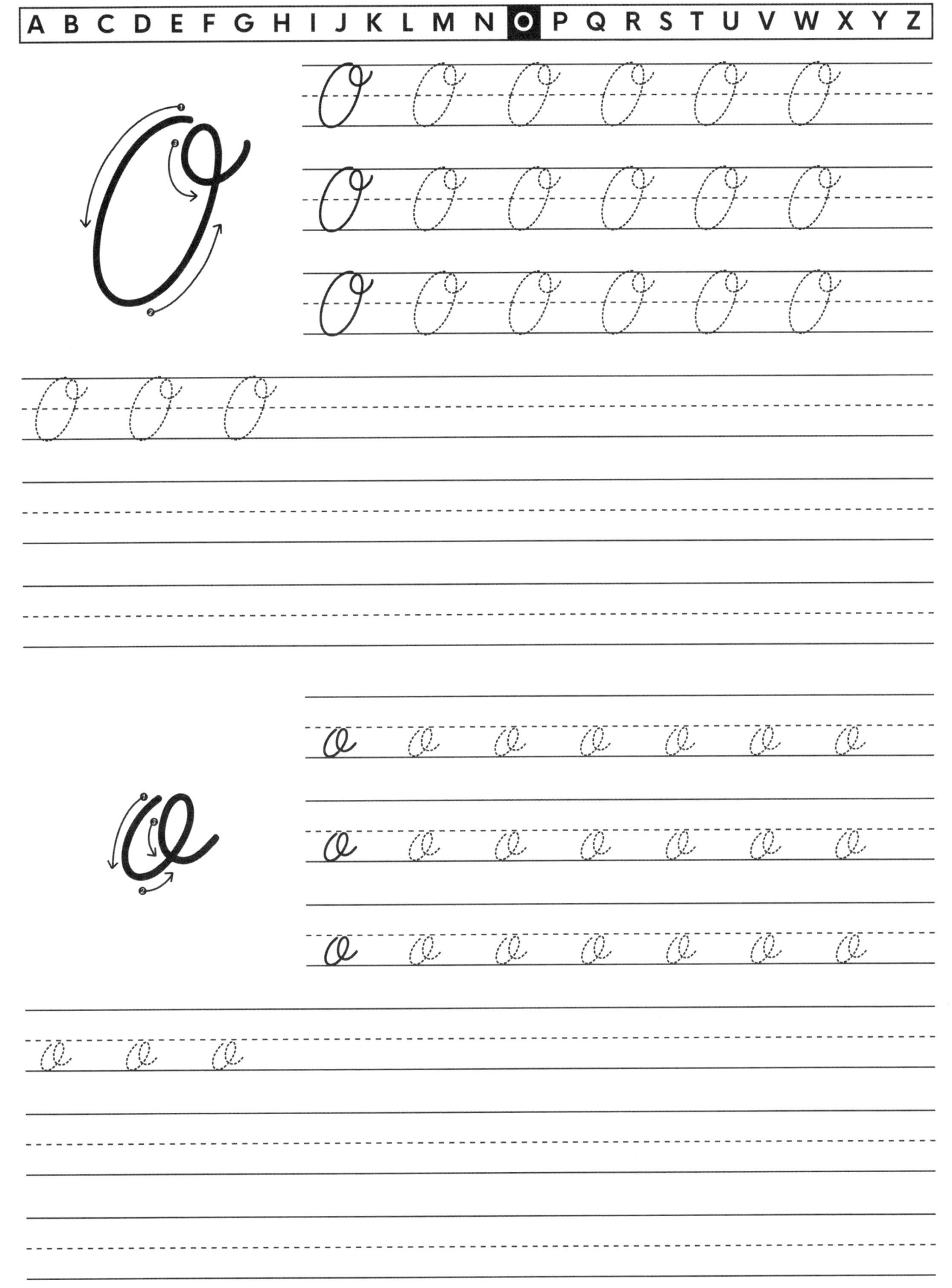

A B C D E F G H I J K L M N **O** P Q R S T U V W X Y Z

pg. 21

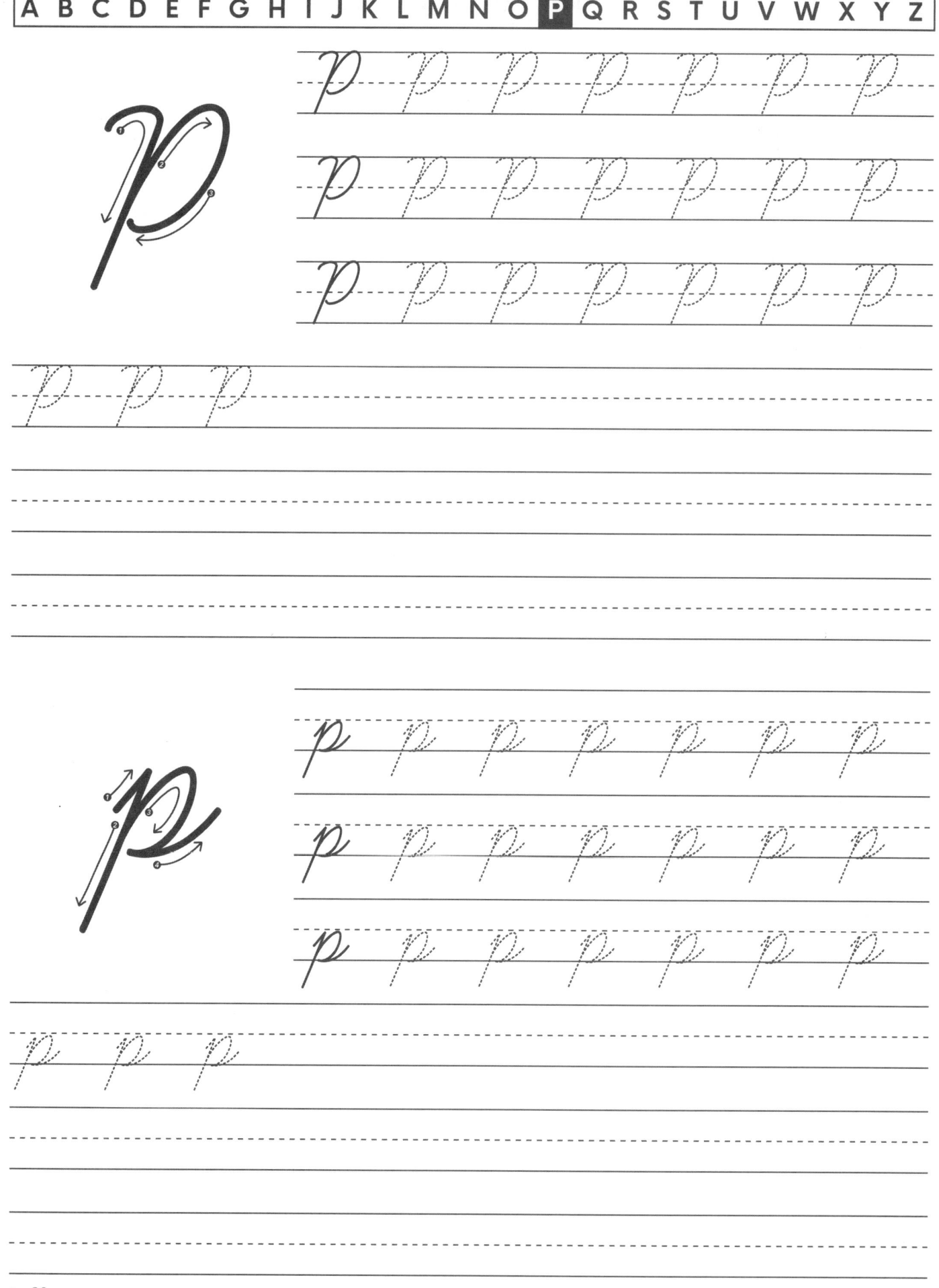

| A | B | C | D | E | F | G | H | I | J | K | L | M | N | O | **P** | Q | R | S | T | U | V | W | X | Y | Z |

pg 22

A B C D E F G H I J K L M N O P **Q** R S T U V W X Y Z

pg 23

| A | B | C | D | E | F | G | H | I | J | K | L | M | N | O | P | Q | **R** | S | T | U | V | W | X | Y | Z |

pg 24

A B C D E F G H I J K L M N O P Q R **S** T U V W X Y Z

pg 25

A B C D E F G H I J K L M N O P Q R S T U V W X Y Z

| A | B | C | D | E | F | G | H | I | J | K | L | M | N | O | P | Q | R | S | T | **U** | V | W | X | Y | Z |

| A | B | C | D | E | F | G | H | I | J | K | L | M | N | O | P | Q | R | S | T | U | **V** | W | X | Y | Z |

A B C D E F G H I J K L M N O P Q R S T U V **W** X Y Z

pg 29

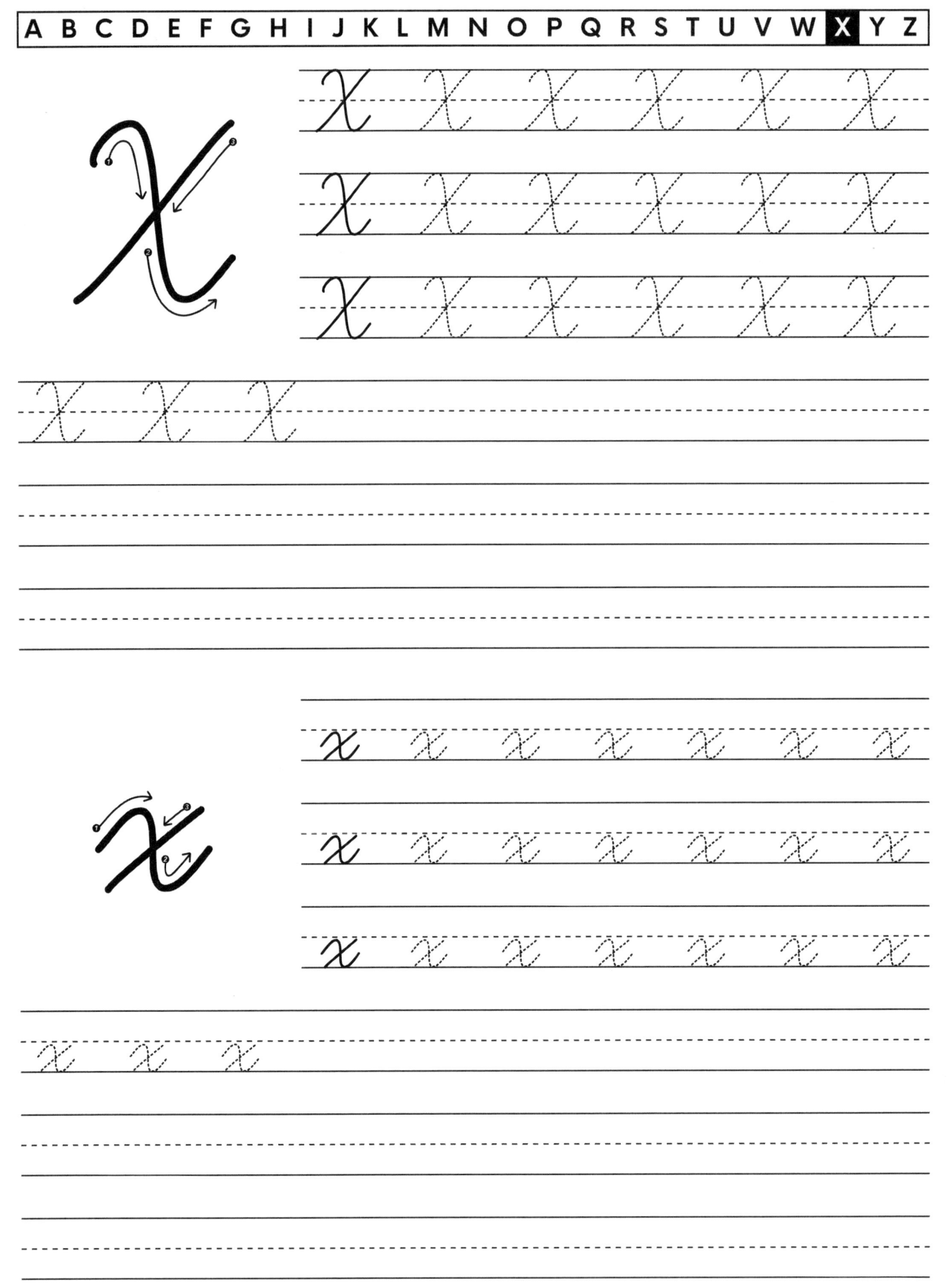

| A | B | C | D | E | F | G | H | I | J | K | L | M | N | O | P | Q | R | S | T | U | V | W | **X** | Y | Z |

| A | B | C | D | E | F | G | H | I | J | K | L | M | N | O | P | Q | R | S | T | U | V | W | X | **Y** | Z |

pg. 31

| A | B | C | D | E | F | G | H | I | J | K | L | M | N | O | P | Q | R | S | T | U | V | W | X | Y | **Z** |

pg 32

PART 2:
Numbers

0 0 0 0 0 0 0 0 0 0

1 1 1 1 1 1 1 1 1 1

2 2 2 2 2 2 2 2 2 2

3 3 3 3 3 3 3 3 3 3

4 4 4 4 4 4 4 4 4

5 5 5 5 5 5 5 5 5 5

pg 34

6 6 6 6 6 6 6 6 6 6

7 7 7 7 7 7 7 7 7 7

8 8 8 8 8 8 8 8 8 8

9 9 9 9 9 9 9 9 9 9

10 10 10 10 10 10 10

0 1 2 3 4 5 6 7 8 9 10

zero   *zero*   *zero*   *zero*   *zero*

one   *one*   *one*   *one*   *one*   *one*

two   *two*   *two*   *two*   *two*

three   *three*   *three*   *three*

four   *four*   *four*   *four*   *four*

five   *five*   *five*   *five*   *five*

six *six* *six* *six* *six* *six*

seven *seven* *seven* *seven*

eight *eight* *eight* *eight* *eight*

nine *nine* *nine* *nine* *nine*

ten *ten* *ten* *ten* *ten* *ten*

0 1 2 3 4 5 6 7 8 9 10

pg 37

0 1 2 3 4 5 6 7 8 9 10

0 1 2 3 4 5 6 7 8 9 10

zero one two three four five

zero one two three four five

six seven eight nine ten

six seven eight nine ten

PART 3:
Words

hi hi hi hi hi hi

hi hi hi hi hi hi

hey hey hey hey hey

hey hey hey hey hey

hello hello hello hello

hello hello hello hello

dream   dream   dream

dream   dream   dream

love   love   love   love

love   love   love   love

hope   hope   hope   hope

hope   hope   hope   hope

spring　　*spring*　　*spring*

spring　　*spring*　　*spring*

summer　　*summer*　　*summer*

summer　　*summer*　　*summer*

fall　*fall*　*fall*　*fall*　*fall*

fall　*fall*　*fall*　*fall*　*fall*

winter winter winter

winter winter winter

best best best best best

best best best best best

kind kind kind kind

kind kind kind kind

believe   believe   believe

believe   believe   believe

sweet   sweet   sweet   sweet

sweet   sweet   sweet   sweet

lovely   lovely   lovely

lovely   lovely   lovely

thrive   *thrive*   *thrive*

thrive   *thrive*   *thrive*

inspire   *inspire*   *inspire*

inspire   *inspire*   *inspire*

unique   *unique*   *unique*

unique   *unique*   *unique*

happy   happy   happy

happy   happy   happy

birthday   birthday   birthday

birthday   birthday   birthday

hooray   hooray   hooray

hooray   hooray   hooray

cheers   *cheers*   *cheers*   *cheers*

cheers   *cheers*   *cheers*   *cheers*

tacos   *tacos*   *tacos*   *tacos*

tacos   *tacos*   *tacos*   *tacos*

donuts   *donuts*   *donuts*

donuts   *donuts*   *donuts*

brave   brave   brave   brave
brave   brave   brave   brave

strong   strong   strong
strong   strong   strong

smart   smart   smart
smart   smart   smart

amazing *amazing* *amazing*

amazing *amazing* *amazing*

fearless *fearless* *fearless*

fearless *fearless* *fearless*

confident *confident* *confident*

confident *confident* *confident*

thanks   *thanks*   *thanks*

thanks   *thanks*   *thanks*

party   *party*   *party*   *party*

party   *party*   *party*   *party*

congrats   *congrats*   *congrats*

congrats   *congrats*   *congrats*

invited   *invited*   *invited*

invited   *invited*   *invited*

weekend   *weekend*   *weekend*

weekend   *weekend*   *weekend*

graduate   *graduate*   *graduate*

graduate   *graduate*   *graduate*

favorite   *favorite*   *favorite*

favorite   *favorite*   *favorite*

grateful   *grateful*   *grateful*

grateful   *grateful*   *grateful*

forever   *forever*   *forever*

forever   *forever*   *forever*

PART 4:
Sentences

You've got this!

You've got this!

Speak up and be heard.

Speak up and be heard.

You are an inspiration.

You are an inspiration.

I am strong.

I am strong.

Today is a fresh start.

Today is a fresh start.

Dream big, be bold.

Dream big, be bold.

One step at a time.

One step at a time.

Today I choose happiness.

Today I choose happiness.

I believe in myself.

I believe in myself.

Make today count.

Make today count.

Be amazing today!

Be amazing today!

Reach for the stars!

Reach for the stars!

Life is too short to wait.

Life is too short to wait.

Never give up!

Never give up!

Life is good.

Life is good.

You make me smile.

You make me smile.

Best day ever!

Best day ever!

Enjoy every moment.

Enjoy every moment.

The best is yet to come.

The best is yet to come.

I can totally do this!

I can totally do this!

There is only one you.

There is only one you.

Embrace imperfection.

Embrace imperfection.

PART 5:
Prompts

If you could go anywhere today, where would you go? Why?

Remember to write in cursive!

> Write about a skill or talent you wish you had and how you hope to master that skill.
>
> *Remember to write in cursive!*

> If you could talk to any one person, dead or alive, who would it be and what would you say?
>
> *Remember to write in cursive!*

> What is one thing you have always wanted to try? What is holding you back from trying it?
>
> *Remember to write in cursive!*

If you could put yourself into any television show or book, what would it be and why?

Remember to write in cursive!

Write about a time you felt really proud of yourself.

Remember to write in cursive!

> Write a poem about your life in twelve words or less.
>
> *Remember to write in cursive!*

If you had the resources and knowledge to invent any one thing, what would it be and why?

Remember to write in cursive!

Way to go!

You made it through all of the practice exercises!

Keep practicing on your own with these next few activities...

Grab some blank paper and write a letter to a loved one.
Don't forget to show off your cursive skills on the envelope as well!
Practice by addressing the envelope template below.

Betty Cooper
111 Elm Street
Riverdale, New York

Make up your own inspirational quote.

spoken by the wise and wonderful

Write out your to-do list for the week, but make it classy (in cursive)!

To-do:

Write down the lyrics to your favorite song!

And for your final activity...

Grab your favorite pen, a fresh new journal and start a diary!
Keeping a written journal can help improve
your mood and your handwriting.

Keep on making the world more beautiful with your elegant new handwriting!